NATIONAL GEOGRAPHIC KiDS

자연 다큐 백과
곤충과 거미

캐리 글리슨, 디노 J. 마틴스 지음 | 조은영 옮김 | 장이권 감수

차례

소개합니다! 6

❶ 곤충의 세계　　8
곤충은 무엇일까요? 10
놀라운 능력을 가진 곤충들 12
우리는 모두 매력 만점 딱정벌레랍니다! ... 14
멀리 이사를 다니는 곤충 16
생생한 자연 관찰 곤충의 몸을 들여다보아요 ... 18

❷ 곤충의 한살이　　20
알에서 성충까지 탈바꿈해요 22
쉬잇, 화려한 변신을 앞두고 있어요! 24
좋아하는 먹이를 찾아 기웃기웃 26
곤충들의 특별한 보금자리 28
찰칵! 곤충 사진전 어디 어디 숨었나? 30

❸ 곤충의 가족과 친구와 적　　32
비슷한 특징을 가진 곤충의 친척들 34
옛날 옛적부터 살았던 곤충 36
곤충이 천적의 눈을 피하는 법 38
생태계를 지키는 곤충들 40
곤충 vs 사람 얼마나 다를까요? 42

❹ 곤충과 함께하는 생활　　44
작지만 엄청난 능력을 갖고 있어요! 46
곤충에 관한 이야기 사실일까요, 거짓일까요? ... 48
쌍둥이처럼 닮은 곤충들 50
여기도 곤충, 저기도 곤충 52
탐험가가 들려주는 뒷이야기 54

곤충이 사라진 삶이란… 56
도전! 곤충 박사 퀴즈를 풀며 용어를 익혀요 60
찾아보기 62

바살리스방패사마귀는 아시아 지역에 살아요. 위협을 느끼면 날개와 앞다리를 활짝 펼치고 싸울 자세를 취하지요.

청벌을 아주 가까이에서 찍은 거예요. '에메랄드 말벌'이라는 별명에 걸맞게 영롱한 빛을 띠어요. 청벌은 다른 곤충의 보금자리에 알을 낳아요. 유충*이 알에서 깨어나면 보금자리에 있는 다른 곤충의 알을 먹고 자란답니다.

*유충: 알에서 깨어나 다 자라지 않은 상태의 벌레.

소개합니다!

곤충은 지구 어디에나 살고 있어요.
모든 대륙과 나라에, 가까운 학교와 우리 동네, 심지어 집 안에도 있지요. 나무와 풀숲, 땅속은 물론이고 하늘도 온통 곤충들의 세상이에요. 과학자들이 어림해서 계산해 보니, 전 세계 인구의 약 2000만 배보다 더 많은 곤충이 지구에 살고 있대요.
세상에는 다양한 곤충이 있어요. 색이 화려한 곤충도, 어둡고 칙칙한 곤충도, 또 독침을 쏘는 곤충도, 전혀 해롭지 않은 곤충도 있지요. 곤충은 사람보다 훨씬 오래전부터 지구에 살았어요. 심지어 공룡보다 먼저 나타났답니다! 자연이 지구를 살기 좋은 곳으로 만들기 위해 보내 준 가장 커다란 선물이지요.
오늘날에도 우리는 곤충의 도움을 받으며 살아가요. 곤충은 세계 곳곳에서 사람들의 식량이 되고, 꽃가루를 옮겨 식물의 씨앗과 열매를 맺게 해 주어요. 작지만 놀라운 생명력을 가진 곤충.
지금부터 지구에 있는 약 100만 종의 곤충들이 어떻게 살아가고 있는지 살펴볼까요?

탐험가 인터뷰

안녕하세요, 내 이름은 디노 J. 마틴스예요. 아프리카에서 일하는 곤충학자랍니다. 케냐 서부의 열대 우림, 케냐 북부 투르카나 지역의 사막을 비롯해 동아프리카의 다양한 곳에 사는 곤충을 연구해요. 또 농부와 아이들에게 곤충이 꽃가루를 옮겨 주는 일이 얼마나 중요한지도 가르쳐 주고 있어요. 이 책을 읽고 여러분도 곤충의 소중함을 깨닫게 되기를 진심으로 바라요.

지구에는 2만여 종의 벌이 살아요.
그중 꿀벌이 가장 유명하지요.
꿀벌은 무리가 함께 보금자리를
짓고 살면서 유충을 돌봐요.

1 곤충의 세계

곤충은 무엇일까요?

곤충의 세계는 참 신비로워요.
곤충은 늘 우리 곁에 있으면서 도움을 주기도 하고, 해를 끼치기도 해요. 가만히 관찰해 보면 놀랍고 신기하지요. 곤충마다 가진 특징과 능력이 어찌나 다양한지 한마디로 곤충을 설명하기는 어렵답니다. 이제부터 곤충의 공통된 특징과 곤충처럼 보이지만 곤충이 아닌 동물들을 함께 살펴보아요.

배 | 머리 | 가슴

곤충의 몸을 관찰해요
곤충의 몸은 크게 머리, 가슴, 배, 이렇게 세 부분으로 나뉘어요. 다리는 모두 여섯 개예요. 또 많은 곤충이 머리에 '더듬이'라는 길고 뾰족한 감각 기관과 한두 쌍의 날개가 있어요. 하지만 비슷한 점은 이 정도뿐이에요. 곤충마다 제각각 색다른 특징을 갖고 있답니다.

잠깐! 벌레랑 곤충은 어떻게 다를까요?
우리는 평소에 벌레라는 말을 많이 써요. 엄연히 말하면 모든 곤충은 벌레지만, 모든 벌레가 곤충은 아니에요. 벌레에는 곤충에 속하지 않는 기생충 등이 포함되지요. 거미나 지네, 지렁이도 알고 보면 곤충이 아니랍니다.

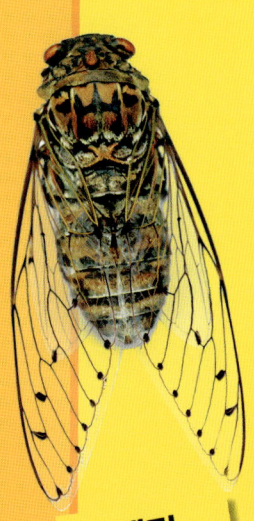

매미

잠깐 상식! 오늘날 지구에는 약 1천경(10,000,000,000,000,000,000) 마리나 되는 곤충이 살고 있어요.

유충

알에서 나온 유충은 어른이 되면 전혀 다른 모습으로 변해요. 유충은 지렁이처럼 생겼지만, 지렁이와는 피 한 방울 섞이지 않았답니다.

깡충거미

거미는 곤충이 아니라고요?

거미를 곤충이라고 생각하는 사람이 많지만, 사실 거미는 곤충이 아니에요. 거미류에 속한 절지동물이지요. 거미는 다리가 여섯 개가 아니라 여덟 개이고, 날개가 없어요. 한편, 어떤 동물은 이름 때문에 곤충으로 오해를 받기도 해요. 예를 들어 공벌레는 벌레도 아니고 곤충도 아니에요. 바닷가재나 게처럼 갑각류지요. 또 수많은 발을 꼼지락거리며 하수구에서 기어 나오는 지네나 노래기도 곤충이 아니에요. 이것들은 다지류예요. 하지만 다들 곤충과 아주 가까운 친척이랍니다. 곤충류, 거미류, 갑각류, 다지류 모두 절지동물이라는 큰 무리에 속해요. 곤충을 포함한 모든 절지동물은 몸 밖에 외골격이라는 딱딱한 껍데기가 있고, 몸과 다리에 마디가 있답니다.

숫자로 알아보아요!

곤충은 지구에 사는 동물의 절반 이상을 차지해요. 그중에서 가장 많은 종 다섯 가지를 살펴볼까요?

400,000 과학자들이 찾아낸 딱정벌레의 종 수.

160,000 전 세계를 날아다니는 나비와 나방의 종 수.

140,000 지구를 청소하고 식물한테 꽃가루를 옮겨 주는 개미와 벌의 종 수.

120,000 윙윙거리며 날아다니는 파리의 종 수.

90,000 과학자들이 찾아낸 노린재의 종 수.

놀라운 능력을 가진 곤충들

곤충들은 크기는 작지만 저마다 놀라운 능력이 있어요.
예를 들어 반딧불이는 환하게 불을 밝히며 날아다니는 곤충이에요. 배에 있는 특별한 기관에서 산소와 여러 가지 물질을 섞어서 반짝반짝 빛을 내지요. 생물이 이렇게 스스로 빛을 내는 능력을 '생물 발광'이라고 해요. 자, 그럼 놀라운 능력을 지닌 다른 멋진 곤충들도 한번 만나 볼까요?

한여름이 되면 매미 우는 소리가 요란하게 울려 퍼져요. 수컷 매미가 암컷을 유혹하는 노랫소리랍니다. 매미는 배에 있는 얇은 진동막을 빠르게 움직여서 소리를 내는데, 그 소리가 몸속의 울림통을 울리면서 몇 배로 커져요. 매미 소리는 크기가 100데시벨*까지 커져서 잔디 깎는 기계와 맞먹을 정도로 시끄러울 때도 있어요. 저 멀리 400미터 떨어진 곳에서도 들릴 정도랍니다.

*데시벨: 소리의 세기를 나타내는 단위.

시끌벅적상

가장 무거운 곤충상

악테온코끼리장수풍뎅이는 세계에서 가장 무거운 곤충으로, 남아메리카의 아마존 열대 우림에 살아요. 유충일 때부터 죽은 나무를 배부르게 먹으며 몸무게가 200그램까지 자라요. 어른벌레의 몸무게와 거의 비슷하지요. 쉽게 비교하자면 야구공보다 57그램이나 더 무겁답니다.

가장 치명적인 곤충상

세계에서 가장 치명적인 곤충은 학질모기예요. 원래 모기에 물리면 가렵긴 해도 크게 해롭지는 않아요. 하지만 학질모기 암컷은 동물이나 사람을 물면서 말라리아 기생충을 옮겨요. 이 때문에 매년 수십만 명이 말라리아에 걸려서 죽는답니다.

최고의 공격수상

조심해요! 올가미턱개미가 언제 공격할지 모르니까요. 중앙아메리카와 남아메리카에 사는 올가미턱개미가 큰턱으로 먹잇감을 잡아채는 속도는 무려 시속 225킬로미터 정도랍니다. 우리가 눈을 한 번 깜빡이는 것보다 빠른 속도예요.

최고의 아빠상

물자라 암컷은 수컷의 등 위에 알을 낳아요. 그러면 수컷은 알을 지고 다니면서 가끔씩 물 위로 올라가 알들이 숨을 쉴 수 있게 해 줘요. 알을 돌보는 동안은 몸이 무거워서 빨리 헤엄치거나 천적*을 피하기 어렵지만, 수컷 물자라는 씩씩하게 버텨 내요. 그렇게 1~3주가 지나면 새끼들이 알을 깨고 나오지요.

*천적 : 먹고 먹히는 관계에서 잡아먹는 동물을 잡아먹히는 동물에 상대하여 이르는 말.

천하장사상

쇠똥구리 수컷은 곤충 세계의 천하장사예요. 제 몸무게보다 약 1000배나 더 무거운 것도 옮길 수 있답니다. 엄청난 힘으로 똥을 굴리고, 다른 수컷과 겨루지요. 참고로 덩치 큰 아프리카코끼리는 제 몸무게의 4분의 1밖에 못 든대요.

잠깐 상식! 지구에는 아직 발견되지 않은 곤충이 약 3000만 종이나 더 있을 거래요.

우리는 모두 매력 만점 딱정벌레랍니다!

딱정벌레는 곤충 중에서도 유명한 스타예요.

어떤 나라에서는 인기 있는 반려동물이고, 또 어떤 나라에서는 딱정벌레로 장신구를 만들기도 하지요. 고대 이집트에서는 딱정벌레를 신처럼 숭배했답니다.

곤충을 연구하는 과학자들은 우리가 알고 있는 동물 종의 약 25퍼센트가 딱정벌레라고 해요. 게다가 아직 발견되지 않은 종도 많이 있지요.

딱정벌레 구별하는 법

곤충을 보고 딱정벌레인지 아닌지 어떻게 알 수 있을까요? 딱정벌레는 다른 곤충과 마찬가지로 몸이 세 부분으로 나뉘고, 두 쌍의 날개가 있어요. 딱딱한 겉날개는 몸을 보호해요. 그 속에 들어 있는 속날개는 날아다닐 때 사용하거나 기능을 하지 않아요. 등딱지 가운데에 겉날개가 갈라지는 세로선이 보인다면 딱정벌레가 맞아요!

겉날개 / 속날개

딱정벌레는 어디에 살까요?

딱정벌레는 남극 대륙을 제외한 지구 어디에나 살아요. 습기 많은 숲속, 메마른 사막, 바위투성이 땅에 살면서 벌레와 달팽이, 그 밖의 작은 곤충을 잡아먹지요. 식물에 살면서 잎을 먹고 사는 딱정벌레도 있어요. 잎에 사는 딱정벌레는 보통 땅에 사는 딱정벌레보다 작고 색깔이 선명해요. 물속에 살면서 튼튼한 뒷다리로 헤엄쳐 다니는 딱정벌레도 있지요.

배물방개붙이

잠깐 상식! 딱정벌레는 날개가 무척 단단해서 몸을 보호해 주어요.

무당벌레

무당벌레는 딱정벌레의 일종이에요. 전 세계 어디에서나 만날 수 있지요. 농작물을 해치는 곤충을 잘 잡아먹어서 농부와 정원사에게 환영받아요. 이렇게 우리에게 도움을 주는 곤충을 '익충'이라고 해요.

바구미

바구미는 몸길이가 6밀리미터도 채 안 되는 아주 작은 곤충이에요. 농작물을 갉아 먹어 해충으로 알려졌어요. 전 세계에 6만여 종의 바구미가 있는데 사는 곳과 사는 방식이 하나같이 다르답니다. 마다가스카르섬에 사는 기린바구미는 몸길이가 2.5센티미터 정도 되는데, 기린처럼 길게 뻗은 목이 몸길이의 절반을 차지해요.

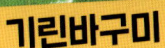
기린바구미

웩, 이게 뭘까요? 바구미는 쌀 같은 곡물이나 밀가루에서 잘 나와요. 쌀바구미나 밀바구미는 곡물에 든 녹말을 좋아하거든요. 혹시 실수로 바구미를 먹었더라도 걱정하지 마세요. 몸에 해가 되진 않으니까요.

쇠똥구리

딱정벌레는 종류에 따라 좋아하는 먹이가 달라요. 특이하게도 쇠똥구리는 똥을 먹고 산답니다. 다른 동물이 눈 똥을 모아 둥글게 굴려서 구멍을 파고, 그 안에 살거나 알을 낳아요. 쇠똥구리는 실력 있는 청소 전문가예요. 쇠똥구리가 똥을 분해*하여 땅에 영양분이 많아지면 식물이 잘 자라나요.

*분해: 여러 부분이 결합되어 이루어진 것을 낱낱으로 나누는 것.

헤라클레스장수풍뎅이

남아메리카와 카리브해에 있는 섬의 열대 우림에 주로 살아요. 헤라클레스는 그리스 신화에 나오는 최고의 영웅으로 힘이 세고 용감해요. 이 딱정벌레도 이름처럼 힘이 세고 몸집도 크지요. 제 몸무게보다 850배나 무거운 물체도 번쩍 들어 올린답니다. 수컷은 몸길이가 19센티미터까지 자라는데, 몸길이의 절반이 긴 집게예요.

탐험가 인터뷰

식물에게 꽃가루를 옮겨 주는 곤충을 '꽃가루 매개자'라고 해요. 흔히 벌과 나비를 떠올리지만, 사실 딱정벌레도 훌륭한 꽃가루 매개자랍니다. 딱정벌레는 아주 오래전부터 지구에 살았어요. 딱정벌레를 유인하려고 향기가 강한 큰 꽃이 진화했지요. 특히 너무 건조해서 벌이 살지 않는 곳에서는 딱정벌레가 꽃가루를 옮겨 준답니다.

멀리 이사를 다니는 곤충

곤충은 다양한 곳에 살아요.

뜨거운 사막부터 차가운 툰드라*까지, 깊은 땅속부터 높은 산맥까지, 어디에나 살지요. 곤충은 대부분 자기가 태어난 곳에서 평생 살지만, 간혹 아주 먼 곳까지 이사를 다니는 곤충도 있어요. 얼마나 멀리 여행하는지 한번 볼까요?

*툰드라: 북극해 주변의 추운 지역으로, 큰 나무가 자라지 못한다.

제왕나비

나비의 비행

제왕나비는 매년 봄이면 멕시코에서 캐나다까지 떼 지어 건너가요. 밀크위드라는 식물에 알을 낳기 위해서예요. 여름 한 철에 두세 번 번식하고, 가을이 다가오면 따뜻한 겨울철 보금자리를 찾아 남쪽으로 내려오지요.

포악해진 꿀벌

사람들이 일부러 옮겨서 고향을 떠나 먼 곳으로 간 곤충도 있어요. 1600년대에 북아메리카에 정착한 유럽인들은 벌꿀을 얻기 위해 유럽에서 양봉꿀벌을 데려갔어요. 하지만 생물을 함부로 다른 나라로 옮기는 건 바람직하지 않아요. 1957년에 연구를 위해 브라질로 데려온 아프리카꿀벌이 실험실을 탈출해서 양봉꿀벌과 짝짓기를 했어요. 그 결과 아프리카화꿀벌이 태어났지요. 이 꿀벌은 성격이 아주 포악한 데다 다른 꿀벌을 마구 죽여서 큰 문제를 일으켰어요. 이 꿀벌은 심지어 사람을 죽일 수도 있답니다.

군대개미

개미의 행군

세계에서 가장 큰 무리를 이루는 개미는 남아메리카와 아프리카의 군대개미예요. 줄지어 다니며 숲속 동물들을 습격해서 군대개미라는 이름을 얻었지요. 아프리카 군대개미는 무려 2000만 마리가 100미터나 되는 행렬을 이루어요. 한 시간에 고작 14미터쯤 이동하지만, 독뱀과 작은 포유류를 가리지 않고 먹어 치운답니다.

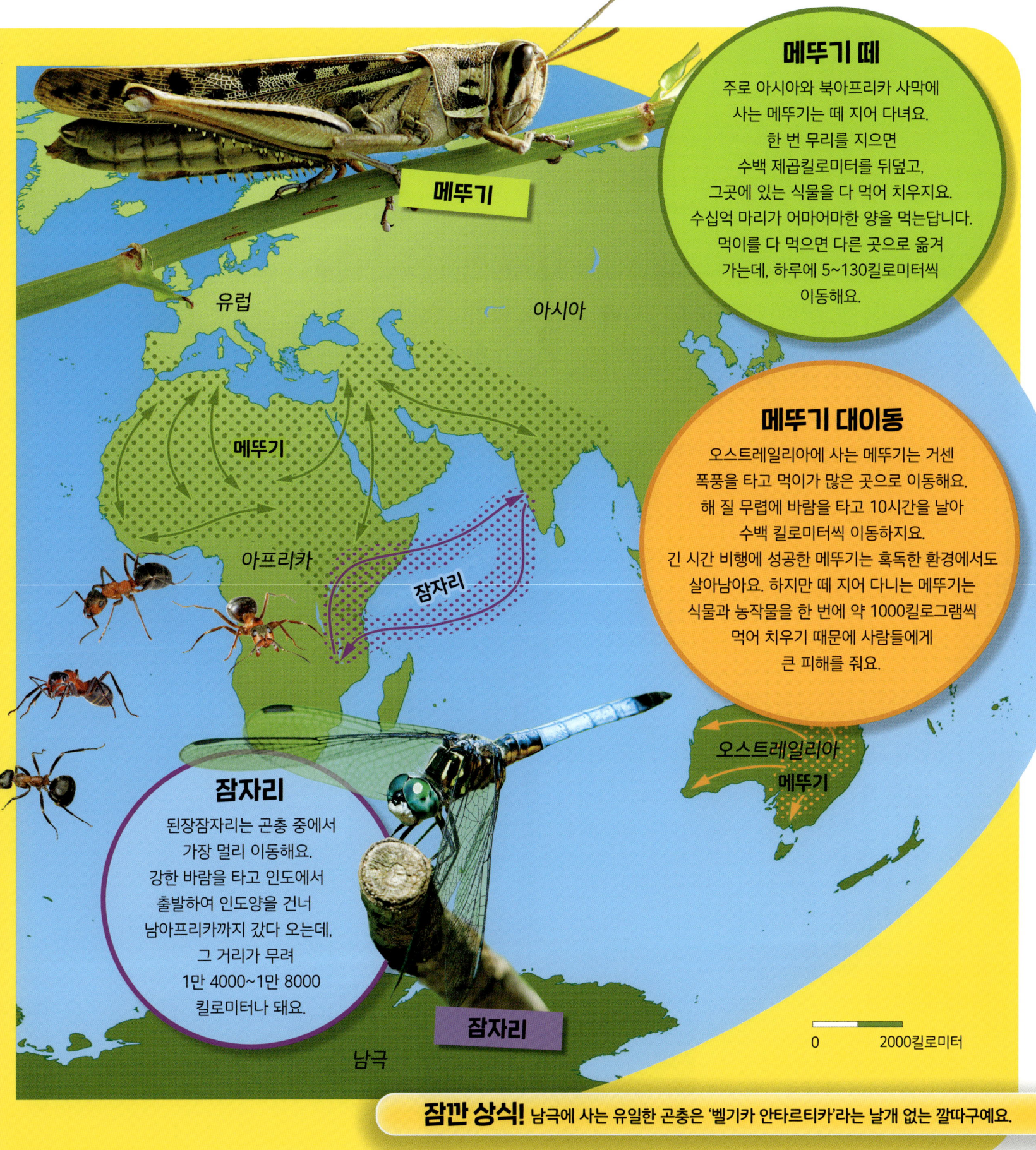

메뚜기

메뚜기 떼

주로 아시아와 북아프리카 사막에 사는 메뚜기는 떼 지어 다녀요. 한 번 무리를 지으면 수백 제곱킬로미터를 뒤덮고, 그곳에 있는 식물을 다 먹어 치우지요. 수십억 마리가 어마어마한 양을 먹는답니다. 먹이를 다 먹으면 다른 곳으로 옮겨 가는데, 하루에 5~130킬로미터씩 이동해요.

메뚜기 대이동

오스트레일리아에 사는 메뚜기는 거센 폭풍을 타고 먹이가 많은 곳으로 이동해요. 해 질 무렵에 바람을 타고 10시간을 날아 수백 킬로미터씩 이동하지요. 긴 시간 비행에 성공한 메뚜기는 혹독한 환경에서도 살아남아요. 하지만 떼 지어 다니는 메뚜기는 식물과 농작물을 한 번에 약 1000킬로그램씩 먹어 치우기 때문에 사람들에게 큰 피해를 줘요.

잠자리

된장잠자리는 곤충 중에서 가장 멀리 이동해요. 강한 바람을 타고 인도에서 출발하여 인도양을 건너 남아프리카까지 갔다 오는데, 그 거리가 무려 1만 4000~1만 8000 킬로미터나 돼요.

잠깐 상식! 남극에 사는 유일한 곤충은 '벨기카 안타르티카'라는 날개 없는 깔따구예요.

17

생생한 자연 관찰
곤충의 몸을 들여다보아요

곤충이 징그러워 보이나요? 아니면 멋있어 보이나요?
곤충을 자세히 보고 싶어도 뜻대로 되지 않아요. 휙휙 날아다니고, 꼬물꼬물 기어가고, 눈 깜빡할 사이에 흩어져 버리니까요. 도무지 가만히 있는 법이 없지요. 그래서 이 사진을 준비했답니다!
곤충의 몸을 자세히 살펴보아요. 물론 살아 있는 곤충을 직접 돋보기로 관찰한다면 더 좋겠지요?

날개
어떤 곤충은 날개가 두 쌍이지만, 한 쌍이거나 아예 없는 곤충도 있어요. 날개가 있는 곤충은 대부분 앞으로 뒤로, 옆으로 자유자재로 날 수 있지요. 심지어 어떤 곤충은 헬리콥터처럼 공중에서 제자리에 떠 있을 수도 있어요. 벌은 1초에 날개를 230번이나 펄럭인다고 해요.

배
곤충의 몸에서 뒷부분이에요.

외골격
곤충의 몸은 '외골격'이라는 딱딱한 겉껍질로 덮여 있어요. 외골격은 몸 안의 장기를 보호하고 근육을 지탱해 주어요. 또 몸속에 있는 수분이 증발하지 않게 막아 주는 역할도 한답니다.

산란관
곤충의 암컷은 알을 낳는 기관인 산란관이 있어요. 벌이나 말벌은 침을 쏠 때도 산란관을 사용해요.

다리
곤충은 다리가 양쪽에 세 개씩, 즉 세 쌍이 있어요. 다리 끝에는 발톱이 달려서 걸을 때나 가파른 곳을 기어오를 때 또는 물체를 붙잡을 때 좋아요. 발톱 사이에 끈적한 주머니가 있어서 몸이 미끄러지지 않게 해 주지요. 참, 제왕나비는 신기하게도 다리 끝으로 맛을 볼 수 있어요.

더듬이

곤충은 대부분 더듬이가 한 쌍씩 있어요. 더듬이의 길이나 모양은 쓰임새에 따라 달라요. 더듬이로 먹잇감을 찾거나, 냄새를 맡거나, 사냥할 때 사용하지요. 짝을 찾을 때에도 쓴답니다. 모기 수컷의 더듬이는 긴 깃털 모양인데 암컷의 날갯짓 소리를 들을 수 있어요. 또 바퀴벌레는 긴 더듬이로 주위에 있는 사물을 느낀답니다.

머리

곤충의 몸에서 제일 앞부분이에요. 눈과 구기*와 더듬이가 달려 있지요.

*구기: 절지동물의 입 부분. 먹이를 먹는 기관을 통틀어 이르는 말.

눈

곤충은 대개 움직임을 알아차리는 커다란 겹눈을 가지고 있어요. 겹눈에는 낱눈이라는 특별한 렌즈가 무려 3만여 개 모여 있어요.

나비

가슴

가슴은 머리 바로 아래에 있으며, 곤충의 몸에서 가운데 부분이에요. 가슴에 다리와 날개가 달려 있어요.

구기

곤충의 구기는 좋아하는 먹이에 따라 다르게 생겼어요. 먹이를 씹어 먹는 곤충은 톱니 같은 이빨이 난 큰턱이 있어요. 나비와 나방은 주로 액체를 빨아 먹어서 구기가 긴 빨대 모양이에요. 또 입술이 있는 곤충, 맛을 보는 수염이 달린 곤충도 있답니다.

털

곤충은 몸에 난 털로 주위에 무엇이 있는지 금세 알아차려요. 한편 어떤 애벌레는 털에 독이 있어서 천적으로부터 제 몸을 지키지요.

2 곤충의 한살이

총독나비가 고치에서 나오는 과정을 순서대로 찍은 모습이에요. 총독나비는 북아메리카에 살고, 제왕나비를 빼닮았어요.

알에서 성충까지 탈바꿈해요

곤충은 어른벌레가 되면서 놀라운 변신을 해요.
하루살이처럼 아주 짧은 시간만 사는 곤충도, 아프리카의 흰개미 여왕처럼 50여 년을 사는 곤충도 모두가 겪는 과정이랍니다. 이런 몸의 변화를 '탈바꿈'이라고 해요. 탈바꿈에는 '갖춘탈바꿈'과 '안갖춘탈바꿈' 두 가지가 있어요.

갖춘탈바꿈(완전 변태)

1. 알
곤충은 대부분 알로 태어나요. 어미는 알에서 나온 유충이 쉽게 먹이를 구할 수 있는 곳에 알을 낳아요. 한 번에 많게는 수백 개씩 낳아요.

2. 유충
알에서 나온 다 자라지 않은 곤충을 '유충'이라고 해요. 유충이 하는 일은 그저 많이 먹고 에너지를 잔뜩 저장하는 거예요. 그래야 다음 단계로 성장할 수 있어요. 유충은 여러 차례 허물을 벗으며 몸이 자라요.

3. 번데기
고치 안에서 곤충은 몸이 완전히 다른 모습으로 변해요. 번데기가 된 곤충은 아무것도 먹지 않아요.

4. 성충
고치에서 나온 어른벌레를 '성충'이라고 해요. 곤충마다 수명이 달라서 며칠밖에 못 살기도 하고, 여러 해를 살기도 하지요.

큰공작나방은 유럽에서 가장 큰 나방이에요. 날개를 쫙 펼친 길이가 10~20센티미터나 돼요.

잠깐 상식! 메뚜기 수컷은 날개 맨 아래쪽에 달린 기관으로 찌르륵 소리를 내서 암컷을 유혹해요.

안갖춘탈바꿈(불완전 변태)

1. 알
어미는 약충의 먹이 가까이에, 또는 물가의 식물처럼 약충 시기를 보내기에 적당한 곳에 알을 낳아요. 어떤 곤충은 알이 부화*할 때까지 알집 형태로 지고 다니기도 해요.

*부화: 동물의 알 속에서 새끼가 껍데기를 깨고 밖으로 나오는 것.

2. 약충
안갖춘탈바꿈하는 곤충의 애벌레를 '약충'이라고 해요. 약충은 허물을 벗으며 몸이 자라요. 4~20번 정도 허물을 벗고 성충이 되지요.

3. 성충
안갖춘탈바꿈하는 곤충은 대부분 약충과 성충이 비슷하게 생겼어요. 다만 성충의 몸집이 더 크고 날개를 완벽히 갖추고 있지요.

잠자리

짝짓기
곤충은 짝짓기를 하고 알을 낳아요. 짝을 유혹하기 위해 갖가지 재주와 기술을 쓰지요. 노래를 부르기도 하고, 화려한 날개를 번쩍이기도 해요. 한편, 양배추가루진딧물과 몇몇 대벌레는 암컷 혼자서 번식해요. 이런 번식법을 '단위 생식'이라고 해요.

반딧불이는 배에 있는 특별한 기관으로 빛을 내서 짝을 찾아요.

숫자로 알아보아요!

4,000,000	아프리카에 사는 장님개미의 여왕개미가 25일마다 낳는 알의 최대 개수.
600,000	여왕벌이 평생 낳는 알의 개수.
30,000	흰개미 한 마리가 하루에 낳는 알의 개수.
9,000	집파리 암컷 한 마리가 평생 낳는 알의 개수.
30	사슴벌레 암컷 한 마리가 한 번에 낳는 알의 개수.

쉬잇, 화려한 변신을 앞두고 있어요!

곤충의 번데기 단계는 사람의 사춘기와 같아요.

오랜 시간을 보내고 전혀 다른 모습으로 변신하면서 엄청나게 성장하는 시기니까요. 곤충도 사람처럼 번데기 단계에 호르몬이 많은 영향을 끼쳐요. 호르몬은 동물의 몸에서 만들어 내는 화학 물질인데 몸과 행동을 모두 달라지게 하지요.

세상에서 제일 편안한 고치

이불을 돌돌 말아 쏙 들어가 본 적 있나요? 몸을 감싸는 고치처럼요. 곤충에게는 고치가 자기만의 공간이에요. 고치는 유충에서 성충으로 몸이 변하는 동안 곤충을 보호해 주는 집이에요. 나비와 나방뿐 아니라 딱정벌레, 파리, 벌 등도 몸속 분비샘에서 실을 뽑아 고치를 만들지요. 어떤 곤충은 8자 모양으로 실을 자아 제 몸을 둘러싸며 고치를 짓기도 해요. 이때 실이 공기와 만나면서 단단해진답니다.

벌은 **무리**를 짓고 살아요. **벌집**에 함께 모여 살면서 성충들이 번데기를 지켜요.

잠깐 상식! 개미 번데기는 소리로 무리의 다른 개미들과 소통할 수 있어요.

번데기를 지켜라

곤충의 고치는 비와 바람을 막아 줘요. 하지만 배고픈 천적까지 막아 줄 수는 없어요. 그래서 어떤 곤충은 영리한 방법으로 번데기를 보호해요. 부전나비 유충은 개미와 비슷한 페로몬*을 분비해요. 그러면 개미가 이 고치를 개미 유충이라고 착각해서, 땅속 개미집으로 데려가지요. 개미들은 번데기에서 성충이 나올 때까지 고치를 정성껏 돌봐 주고, 부전나비 유충은 여왕개미를 흉내 내며 자신을 보호한답니다.

*페로몬: 동물, 특히 곤충이 같은 종의 다른 동물에게 어떤 행동을 일으키게 하는 물질.

짜잔, 나비가 되었어요

우아, 고치를 벗고 아름다운 나비가 나오는 순간이에요! 번데기가 성충으로 변신하려면 한동안 고치에서 시간을 보내야 해요. 몇 주, 몇 달, 길게는 몇 년이 걸리기도 하지요. 아래 사진처럼 나비 고치는 금빛을 띠는 경우가 많아요.

개미

모기 유충은 장구벌레예요. 물속에 살면서 숨 쉴 때만 가끔 수면으로 올라와요. 관을 물 밖에 내놓고 신선한 공기를 마시지요.

땅속에도 살고 물속에도 사는 번데기

나비의 고치는 대부분 끝에 달린 돌기로 나뭇가지에 매달려 있어요. 하지만 꼬리박각시나 사슴벌레의 유충은 땅속에 고치를 지어요. 또 나무좀은 나무껍질 안쪽에, 날도래와 모기와 먹파리는 물속에 고치를 짓지요.

좋아하는 먹이를 찾아 기웃기웃

곤충이 먹이를 먹는 방법은 저마다 달라요.
우적우적 씹어 먹거나, 쪽쪽 빨아 먹거나, 통째로 꿀꺽 삼켜 버리기도 하지요. 먹는 방법뿐 아니라 식성도 제각각이라 각종 식물부터 동물의 똥까지 다양하게 먹어요. 심지어 곤충끼리 서로 잡아먹기도 하지요.

식욕이 상상을 초월해요

많이 먹기로 유명한 곤충이 있어요. 메뚜기는 떼 지어 다니며 매일 자기 몸무게만큼 식물을 먹어 치워요. 그래서 농부들이 피해를 입어요. 들판은 순식간에 쑥대밭이 되고, 식물은 앙상하게 줄기만 남지요.
누에나방의 유충인 누에도 식욕에 있어서는 뒤지지 않아요. 하루에 뽕잎을 제 몸무게만큼 먹어요. 이처럼 식물을 뜯어 먹거나 다른 곤충을 잡아먹는 곤충에게는 큰턱이 있어요. 먹이를 씹거나 찢기에 좋도록 힘이 무척 세답니다.

엄청난 메뚜기 떼가 모조리 먹어 치울 것처럼 밭에 내려앉아요.

잠깐 상식! 어떤 나방은 동물의 눈물이나 땀을 마시고 영양분을 얻어요.

후루룩 마셔요

어떤 집파리들은 아랫입술로 스펀지처럼 먹이를 빨아들여요. 아랫입술 자리에 있는 입술판에서 침이 나와 음식을 녹인 다음 후루룩 마시지요.

피를 빨아 먹어요

벼룩, 이, 빈대, 일부 파리, 그리고 암컷 모기는 피를 빨아 먹기로 유명한 곤충이에요. 사람이나 다른 동물의 피를 먹고 살지요. 그중에는 알을 낳기 위해 피가 필요한 곤충도 있어요. 모기는 사람의 피를 빨아 먹으면서 말라리아, 황열병, 뇌염과 같은 질병을 옮기기도 해요.

달콤한 꿀이 좋아요

꽃꿀을 좋아하는 곤충과 동물의 피를 좋아하는 곤충은 모두 빨대처럼 생긴 주둥이로 구멍을 뚫은 다음 액체를 빨아 먹어요. 나비와 나방은 머리 아래에 긴 주둥이를 돌돌 말고 있다가 필요할 때 쭉 뻗어요. 그러면 꽃꿀처럼 깊숙이 있어서 닿기 힘든 먹이도 쉽게 먹을 수 있어요.

먹는 것도, 방법도 별나요!

파리와 쇠똥구리는 똥이나, 다른 동물의 똥에 반쯤 소화된 채 남아 있는 음식물을 좋아해요. 한편, 꿀단지개미는 아주 특별한 방법으로 먹이를 먹어요. 한 일개미가 배가 아주 불룩해질 때까지 먹이를 잔뜩 먹은 다음에 개미집 천장에 매달려요. 그런 다음 배가 고픈 다른 개미들이 찾아오면 언제든지 먹이를 나누어 주지요. 또 다른 곤충을 잡아먹는 곤충도 있답니다. 사마귀는 몰래 숨어 있다가 다른 곤충이 나타나면 공격해서 머리부터 잡아먹어요.

어떤 곤충은 입이 아예 없고 먹이를 전혀 먹지 않아요.

곤충들의 특별한 보금자리

우리 주변 어디에서나 곤충들이 살고 있어요.
땅을 기어가거나, 식물에 앉아 쉬거나, 하늘을 날아다니지요. 잠자리나 나비, 나방 같은 날벌레들은 정해진 집 없이 이곳저곳을 날아다니며 살아요. 하지만 아주 근사한 보금자리를 짓거나 다른 동물의 집을 제집 삼아 사는 곤충도 있답니다.

같이 먹고 자고 일하는 사이

곤충은 대부분 혼자 사는 걸 좋아하지만, 함께 모여 사는 걸 좋아하는 사회적 곤충도 있어요. 벌, 개미, 흰개미 들이 대표적이지요. 이들은 여럿이 힘을 합쳐 집을 짓는답니다. 말벌의 일종인 쌍살벌은 나뭇가지에 종이로 지은 것 같은 집을 지어요. 집을 짓는 데 쓰는 재료는 쌍살벌이 나무나 식물의 섬유질*을 모아 침과 섞어서 만든 거예요. 벌은 밀랍*을 분비해 나무 구멍에 집을 지어요. 개미는 땅속에 방이 아주 많은 집을 짓지요. 어떤 개미들은 몸을 서로 엮어 보금자리를 짓는답니다. 또, 흰개미는 온갖 부스러기, 나무, 진흙과 똥 등을 모아 거대한 탑을 쌓아요. 이 탑은 공기가 잘 통해서 항상 쾌적한 온도를 유지해요.

*섬유질: 식물이나 해조류를 이루는 실처럼 가늘고 긴 물질.
*밀랍: 벌집을 만들기 위해 꿀벌이 분비하는 노란색의 물질.

제멋대로 들어와 살아요

주인의 허락 없이 마음대로 남의 집에 들어가 사람과 함께 사는 곤충이 있어요. 그중에서도 가장 환영받지 못하는 곤충은 바퀴벌레예요. 벽의 갈라진 틈이나 싱크대, 가구 밑에 살지요. 바퀴벌레는 골칫덩어리예요. 금세 번식하고, 조금만 먹어도 살아남는 데다가 숨바꼭질의 달인이거든요. 빈대도 사람이 사는 집에 많이 살아요. 보통 침대에 숨어 있다가 밤이 되면 기어 나와 사람의 피를 빨아 먹어요.

잠깐 상식! 베짜기개미는 유충이 만드는 실로 나뭇잎을 이어 붙여서 둥지를 지어요.

물자라

물속에 살아요

물속에 집을 짓는 곤충들은 숨을 쉬기 위해 아주 기막힌 방법을 개발했어요. 모기 유충은 긴 관을 수면 위로 내놓아 숨을 쉬어요. 어떤 곤충은 아가미로 물을 걸러 물속에 녹아 있는 산소를 마셔요. 또 물자라는 물 위에서 만든 공기 방울을 물속으로 가지고 들어가 숨을 쉰답니다.

제왕나비는 멕시코 숲속에 있는 나무에서 겨울을 보내요.

벼룩은 강아지는 물론이고 온갖 것에 붙어서 살아요. 심지어 집 안의 카펫에서도 살지요.

탐험가 인터뷰

곤충에게도 안전한 집이 필요해요. 특히 벌집을 지을 만한 장소를 마련해 주고 보호하는 것은 생태계* 보호를 위해 아주 중요한 일이에요. 벌은 꽃을 찾아가 꽃가루를 옮겨 주고 열매를 맺게 하는 중요한 일을 하거든요.

*생태계: 어떤 환경에서 살아가는 생물과 그 생물에 영향을 미치는 모든 요인.

계절에 따라 이사 다녀요

곤충의 체온은 주변 기온과 거의 같아요. 날씨가 추워져도 스스로 몸을 따뜻하게 할 수 없기 때문이에요. 그래서 어떤 곤충은 추운 겨울이 되면 날씨가 따뜻한 곳으로 이동하기도 하고, 땅에 굴을 파고 숨어 버리기도 해요. 제왕나비는 안전한 곳을 찾아 여럿이 모여서 겨울잠을 자요.

찰칵! 곤충 사진전 어디 어디 숨었나?

곤충은 타고난 숨기 대장이에요.
수많은 곤충이 뒷마당이나 공원에 돌아다니지만, 우리 눈에 잘 띄지 않아요. 주변 환경에 맞춰 감쪽같이 위장하기 때문이지요. 아래의 곤충들이 어디에 숨어 있는지 함께 찾아볼까요?

한 나방 애벌레가 보호색으로 몸을 숨기고 식사 중이에요. 먹던 꽃잎을 몸통에 붙였네요. 감쪽같죠?

박쥐나방의 애벌레예요. 평소에 즐겨 먹는 토마토, 피망, 가지의 잎을 쏙 빼닮았어요.

난초사마귀가 난초의 꽃을 똑같이 흉내 냈어요. 어디가 다리고, 어디가 꽃잎일까요?

뿔매미들이에요. 가시처럼 보이지 않나요?

낙엽사마귀는 숲 바닥에 있으면 낙엽처럼 보여요.

여치인지 나뭇잎인지 헷갈리지요? 날개에 잎맥 무늬가 있는 데다가 바람결에 흔들리며 나뭇잎인 척한답니다.

이 가시 돋친 곤충은 먹고 있는 꽃 모양을 흉내 냈어요.

3 곤충의 가족과 친구와 적

개미는 팀을 이루어 여럿이 함께 일해요. 이 개미들은 둥지를 짓는 데 필요한 나뭇가지를 씹어서 잘라 내고 있어요.

비슷한 특징을 가진 곤충의 친척들

거미

곤충은 '절지동물'이라는 큰 무리에 속해요.
그럼 수많은 친척들이 한데 모인 절지동물의 가족 모임을 상상해 볼까요?
사실은 가족이라고 부르기 힘들 정도로 생김새와 특징이 서로 달라요.
거미, 게, 바닷가재 등도 모두 절지동물에 속한답니다. 하지만 절지동물끼리는
한 가지 공통점이 있어요. 그건 바로 뼈가 몸을 감싸고 있다는 거예요.
이 뼈대를 '외골격'이라고 해요.

오싹한 사촌
거미는 종종 곤충으로 오해를 받지만 사실은 거미류에 속해요. 다리는 여덟 개이며, 더듬이는 없어요. 곤충과 달리 몸이 두 부분으로 이루어져 있지요. 앞쪽의 머리가슴에는 눈, 입, 다리가 달렸어요. 또 뒤쪽의 배에는 거미줄을 만드는 분비샘이 있답니다.

게

> 게는 절지동물 중에서도 외골격이 가장 두꺼워요.

잠깐 상식! 곤충의 라틴어 어원인 '인섹툼(insectum)'은 몸이 세 부분으로 나뉘어 있다는 뜻이에요.

지네

다리가 도대체 몇 개야?
가끔씩 화장실 바닥에서 다리가 100개쯤 달린 징그러운 벌레를 본 적 있나요? 이 벌레는 곤충의 친척이며, 다리가 많아서 '다지류'라고 해요. 지네와 노래기가 모두 다지류에 속하지요. 다지류는 대부분 몸에 마디가 아주 많아요. 다리가 400개나 달린 녀석도 있어요. 지네는 곤충을 잡아먹어요. 덕분에 지구가 곤충으로 뒤덮이는 일은 없을 거예요.

공이야, 벌레야?
다리는 일곱 쌍, 더듬이는 한 쌍*, 눈이 두 개. 깜짝 놀라면 몸을 공처럼 말아서 데굴데굴 굴러가는 것은 무엇일까요? 바로 공벌레예요. 공벌레는 사실 갑각류에 속한답니다. 습기를 좋아해서 썩은 낙엽 사이, 나무껍질, 축축한 지하실에서 자주 볼 수 있어요.

*공벌레는 더듬이가 두 쌍 있지만, 한 쌍은 퇴화하여 거의 보이지 않는다.

공벌레

곤충은 어떻게 나눌까요?

세상에는 수백만 종의 동물이 있어요. 과학자들은 동물을 비슷한 특징을 가진 종류별로 나누었어요. 동물계는 몸에 척추(등뼈)가 있는 척추동물과 척추가 없는 무척추동물로 나뉘어요. 곤충과 앞에서 소개한 친척들은 무척추동물이랍니다.

다양한 곤충 가족들
곤충은 무척추동물 중에서 곤충강에 속해요. 곤충강은 다시 그 아래 단위인 목으로 나뉘어요. 그중에 중요한 몇 가지 곤충들을 함께 살펴보아요.

딱정벌레목 딱정벌레

바퀴목 사마귀, 바퀴벌레, 흰개미

파리목 파리

벌목 개미, 벌, 말벌

나비목 나비, 나방

잠자리목 잠자리, 실잠자리

대벌레목 대벌레

하루살이목 하루살이

메뚜기목 메뚜기, 여치

노린재목 매미, 진딧물, 노린재

옛날 옛적부터 살았던 곤충

석탄기에 살았던 거대한 곤충과 거미, 진드기의 모습이에요.

곤충은 아주 오랜 옛날부터 지구에 살았어요.
과학자들은 최초의 곤충이 어떻게 생겼는지 또 어디에서 생겨났는지 정확히 알지 못해요. 왜냐하면 곤충은 몸속에 뼈가 없어서 화석이 될 수 없기 때문이에요. 아주 오랜 옛날에 살았던 곤충에 대한 기록은 바위처럼 딱딱한 곳에 남은 곤충의 자국, 또는 나무 진액에 갇힌 채 굳어 버린 곤충이 전부예요.

곤충 세계의 최고 어르신

지금까지 알려진 최초의 곤충은 약 4억 년 전에 살았던 리니오그나타예요. 곤충 화석을 연구하는 곤충학자들은 화석으로 보존된 턱을 보고 리니오그나타가 식물을 먹고 살았다고 짐작해요. 식물은 최초의 곤충이 나타나기 훨씬 전부터 지구에 살면서 다양한 모습으로 적응하고 널리 퍼졌어요. 곤충은 식물을 배불리 먹으면서 곳곳에 퍼져 나갔지요. 곤충의 친척뻘인 전갈, 거미, 지네도 비슷한 시기에 나타났답니다.

오랜 옛날에 살던 바퀴벌레는 오늘날의 바퀴벌레와 거의 똑같은 모습이에요.

잠깐 상식! 곤충은 파충류보다 두 배, 사람보다 일곱 배나 더 오랫동안 지구에 살았어요.

석탄기에 살았던 거대 곤충

바퀴벌레는 세상에서 가장 오래됐다고 알려진 곤충들 중 하나예요. 적어도 3억 1500만 년 전 석탄기 때부터 지구에 살았을 거예요. 그때는 몸집이 아주 컸지요. 석탄기에는 숲이 우거지고 습지가 아주 넓었어요. 날아다니는 곤충도 이때 처음 나타났고, 몸집도 컸지요. 날아다니는 곤충 중에 가장 큰 것은 '메가네우롭시스 페르미아나'라는 잠자리였는데, 날개를 펼치면 폭이 70센티미터에 몸길이가 43센티미터나 됐다고 해요. 아마 다른 곤충이나 작은 양서류를 잡아먹었을 거예요. 고대 곤충들의 몸집이 거대했던 이유는 무엇일까요? 공기 중에 산소가 지금보다 많았기 때문이라는 주장이 있어요. 산소가 풍부하면 식물과 동물이 더 크게 자랄 수 있거든요. 석탄기의 곤충은 호흡 기관도 커서 큰 몸 구석구석 산소를 넉넉히 보낼 수 있었어요.

바퀴벌레 화석

온전한 상태의 바퀴벌레 화석 중에서 가장 큰 것은 8.9센티미터였어요. 약 3억 년 전, 공룡이 나타나기도 전에 살았던 바퀴벌레랍니다.

오랜 옛날 지구에는 어떤 동물이 살았을까요?

선캄브리아 시대
46억 년~5억 4000만 년 전
하나의 세포로 된 단세포 생물 출현.

캄브리아기
5억 4000만 년~4억 5800만 년 전
뼈대가 있는 생물 출현.

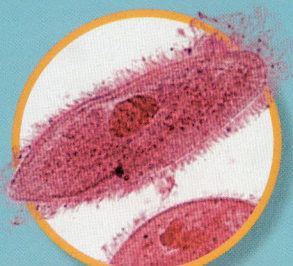

선캄브리아 시대
단세포 생물

오르도비스기
4억 5800만 년~4억 4400만 년 전
어류, 이끼 같은 식물 출현.

실루리아기
4억 4400만 년~4억 1900만 년 전
땅에 사는 동물 출현.

데본기
4억 1900만 년~3억 5900만 년 전
양서류* 출현.

석탄기
3억 5900만 년~2억 9900만 년 전
날아다니는 곤충, 파충류* 출현.

석탄기
날아다니는 곤충

페름기
2억 9900만 년~2억 5200만 년 전
헤엄치는 파충류 출현.

트라이아스기
2억 5200만 년~2억 100만 년 전
공룡 출현.

쥐라기
2억 100만 년~1억 4500만 년 전
포유류와 조류* 출현.

트라이아스기
에오랍토르

백악기
1억 4500만 년~6600만 년 전
꽃이 피는 식물 출현.

팔레오기
6600만 년~2300만 년 전
영장류* 출현.

네오기
2300만 년~250만 년 전
인류의 조상 출현.

제4기
250만 년 전~현재
지금의 인류 출현.

팔레오기
에오히푸스

*양서류: 물과 땅 위를 오가며 사는 동물. 개구리, 도롱뇽 등.
*파충류: 피부가 비늘로 덮힌 뱀, 악어, 도마뱀 등이 속한 무리.
*조류: 하늘을 나는 척추동물. 새 무리.
*영장류: 포유류 중에서 원숭이, 고릴라 등이 속한 무리.

곤충이 천적의 눈을 피하는 법

곤충은 몸집이 작아서 지구에서 오랫동안 살아남을 수 있었어요.

곤충 중에 작은 건 맨눈으로 보기 힘들 정도랍니다. 몸집이 작으면 나무껍질이나 바위틈처럼 좁은 곳에서도 살 수 있고, 천적의 눈을 피하기도 쉽지요. 게다가 몸의 색을 주변과 비슷하게 바꾸는 능력은 어떻고요. 지금부터 곤충들이 자기를 보호하는 방법을 알아보아요.

무당벌레

곤충을 잡아먹는 동물들

곤충이 지구에서 오래 살아남은 이유 중 하나는 번식을 잘하기 때문이에요. 곤충은 자주, 또 많이 번식해요. 그중에 일부가 천적에게 잡아먹힌다 해도 다른 곤충들은 여전히 살아남아서 새끼를 낳지요. 곤충은 곤충끼리도 잡아먹지만, 다른 천적이 많아요. 조류, 양서류, 파충류, 포유류 들이 곤충을 먹고 산답니다.

곤충의 비밀 무기

몸에 무기를 지니고 사는 곤충도 있어요. 어떤 곤충의 유충은 천적이 공격할 때 개미를 끌어들이는 액체가 나와서 개미가 대신 맞서 싸우게 해요. 무당벌레는 위협을 느끼면 다리 관절에서 노란 액체가 흘러나오는데, 냄새가 지독할 뿐 아니라 독이 있어요.

잠깐 상식! 침노린재는 천적을 만나면 눈과 코에 독을 쏘아요.

나를 찾아봐요

주변과 비슷한 색이나 모습으로 위장하여 자신을 지키는 곤충이 있어요. 예를 들어 흰 나비는 하얀 꽃에, 노란 나비는 노란 꽃에 앉아 쉬어요. 또 나무껍질이나 나뭇잎처럼 생긴 곤충도 있지요.

회색남방공작나비

싸워서 이겨요

어떤 곤충은 천적과 맞서 싸울 수 있는 특별한 기관을 갖고 있어요. 호랑나비 유충은 위협을 받으면 냄새뿔이 튀어나와 적에게 지독한 냄새를 풍겨요. 집게벌레와 딱정벌레는 집게를 휘두르며 천적과 싸우지요. 벌과 말벌은 침을 쏴서 자신과 벌집을 보호해요. 침을 쏘는 곤충들은 적에게 독액을 집어넣어요.

남방공작나비

재빠르게 날아서 달아나요

날아다니는 곤충은 날지 못하는 천적으로부터 쉽게 도망쳐요. 하지만 날개는 다르게도 쓰여요. 어떤 나비와 나방의 날개에는 커다란 동물의 눈처럼 보이는 무늬가 있어서 천적이 보면 겁을 먹고 함부로 덤비지 못하지요. 또 나비는 갑자기 아래로 내려갔다가 한순간에 위로 솟구치는 특별한 비행 기술로 새들을 따돌리기도 한답니다. 혹시라도 천적에게 잡혀 날개의 일부가 찢어져도 계속 날 수 있어요!

집게벌레

생태계를 지키는 곤충들

지구에 곤충이 없다면 다른 생물들도 살아갈 수 없어요.

곤충은 죽은 동식물을 분해하고, 식물이 번식할 수 있게 꽃가루를 전달해요. 또 조류, 양서류, 박쥐 같은 동물의 먹이가 되지요. 하지만 곤충이 살아남기 위해 먹고 번식하는 일이 사람에게 피해를 주기도 해요. 정성껏 기른 농작물을 해치거나 사람이 사는 집에 마구 침입하기도 하니까요.

흰개미

지구의 청소 특공대

흰개미는 집을 가진 사람들이 제일 두려워하는 곤충이지만, 사실은 열대 우림의 훌륭한 환경 운동가랍니다. 죽은 나무와 식물을 먹어서 깨끗이 청소해 주어요.

군대개미

해충 퇴치 군단

아마존 열대 우림의 어느 마을에서는 군대개미를 무척 반겨요. 군대개미가 마을 구석구석을 다니며 위험한 독뱀이나 전갈을 해치워 주거든요. 개미의 수가 워낙 많다 보니 제 몸집보다 몇 배나 큰 동물도 쉽게 제압할 수 있어요. 강력한 턱으로 먹잇감을 잘게 조각내서는 집으로 가져간답니다.

군대개미 떼가 몰려들어서 몸집이 몇 배나 큰 전갈을 죽이고 있어요.

잠깐 상식! 정원사는 해충을 죽이는 살충제를 쓰는 대신 천적을 끌어들여서 해충을 없애기도 해요.

꽃가루 매개자

농작물은 물론이고, 전 세계에서 꽃 피는 식물 가운데 80퍼센트 이상이 곤충의 도움을 받아서 꽃가루받이*를 해요. 주로 벌, 나비, 파리, 딱정벌레 들이 꽃가루를 전해 주는 곤충이지요. 식물은 밝고 선명한 색의 꽃잎과 매력적인 향기로 곤충을 유인해요. 곤충이 꽃에 앉았을 때 몸에 묻은 꽃가루가 다른 식물의 암술에 떨어지면 씨앗이 맺혀요.

*꽃가루받이: 식물의 꽃가루가 암술머리에 붙는 일.

꿀벌

벌은 뒷다리에 꽃가루를 나르는 특별한 주머니가 있어요.

곤충을 닮은 작은 드론이에요.

과학 기술을 발전시켜요

과학자에게 곤충은 다양한 영감을 주는 매력적인 존재예요. 과학자들은 곤충이 하늘을 나는 방식을 연구해서 국방용 감시 카메라, 기상 관측에 쓰이는 마이크로 로봇을 만들어 냈답니다. 과학 수사대에서 일하는 곤충학자들은 파리를 이용해 살인 사건이 일어난 정확한 시각을 알아내기도 해요. 파리는 시체를 비롯해 더러운 물 위에 알을 낳기 때문에 시체 주변에서 발견된 파리의 알이나 구더기를 조사하면 죽은 사람의 사망 시각을 짐작할 수 있어요.

탐험가 인터뷰

곤충은 식물에게 꽃가루를 직접 옮겨 줄 뿐만 아니라, 동시에 꽃가루를 전달하는 또 다른 동물의 먹이가 돼요. 새나 박쥐, 아프리카에 사는 영장류인 갈라고도 중요한 꽃가루 매개자랍니다. 이 동물들이 없다면 우리는 과일과 채소, 심지어 초콜릿도 먹을 수 없어요. 초콜릿의 원료인 카카오 열매도 깔따구가 꽃가루를 옮겨 주어야 열매를 맺기 때문이지요.

곤충 vs 사람 얼마나 다를까요?

공상 과학 영화나 소설에서는 등장인물이 파리나 바퀴벌레 같은 곤충으로 변하기도 해요. 그럴 만한 이유가 있지요. 알고 보면 곤충은 놀라운 능력자거든요. 곤충의 놀라운 능력을 사람과 비교하여 알아볼까요?

눈

대개 성충은 수천 개의 낱눈이 모인 겹눈을 갖고 있어요. 겹눈의 구조와 모양 덕분에 곤충은 사람보다 훨씬 넓게 볼 수 있어요. 사람의 눈은 앞쪽만 볼 수 있지요.

뼈대와 외골격

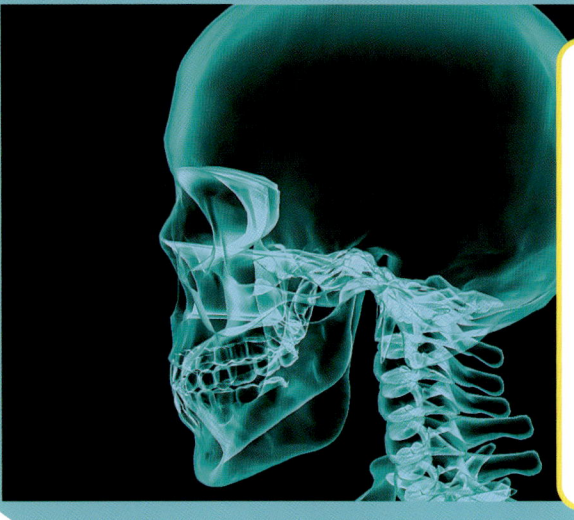

사람은 몸속에 뼈대가 있고 어른이 될 때까지 자라요. 하지만 곤충은 몸 겉면에 단단한 외골격을 갖고 있어요. 사람의 뼈대와 달리 곤충의 외골격은 자라지 않아요. 몸이 커져서 외골격이 더 이상 맞지 않으면 옷을 갈아입듯이 외골격을 벗는답니다.

미각

사람은 혀에 있는 미뢰로 맛을 느껴요. 반면에 곤충은 맛을 보는 기관이 다양해요. 나비는 긴 빨대 모양 주둥이로 맛을 보고 먹이도 먹어요. 벌은 더듬이로 맛을 보지요. 심지어 발에 있는 기관으로 맛을 보는 곤충도 있어요.

다리

사람은 한 발, 한 발 번갈아 앞으로 놓으며 걷고 뛰어요. 그런데 곤충은 한쪽에 있는 두 다리와 반대쪽에 있는 한 다리를 동시에 움직여요.

의사소통

사람과 곤충은 모두 소리나 몸짓으로 이야기를 나눠요. 어떤 곤충은 몸을 문질러 소리를 내고 노래도 해요. 반딧불이는 빛을 내서 신호를 주고받아요.

이 사마귀는 마치 춤을 추는 것 같지만, 사실은 천적을 쫓기 위해 겁을 주고 있는 거예요.

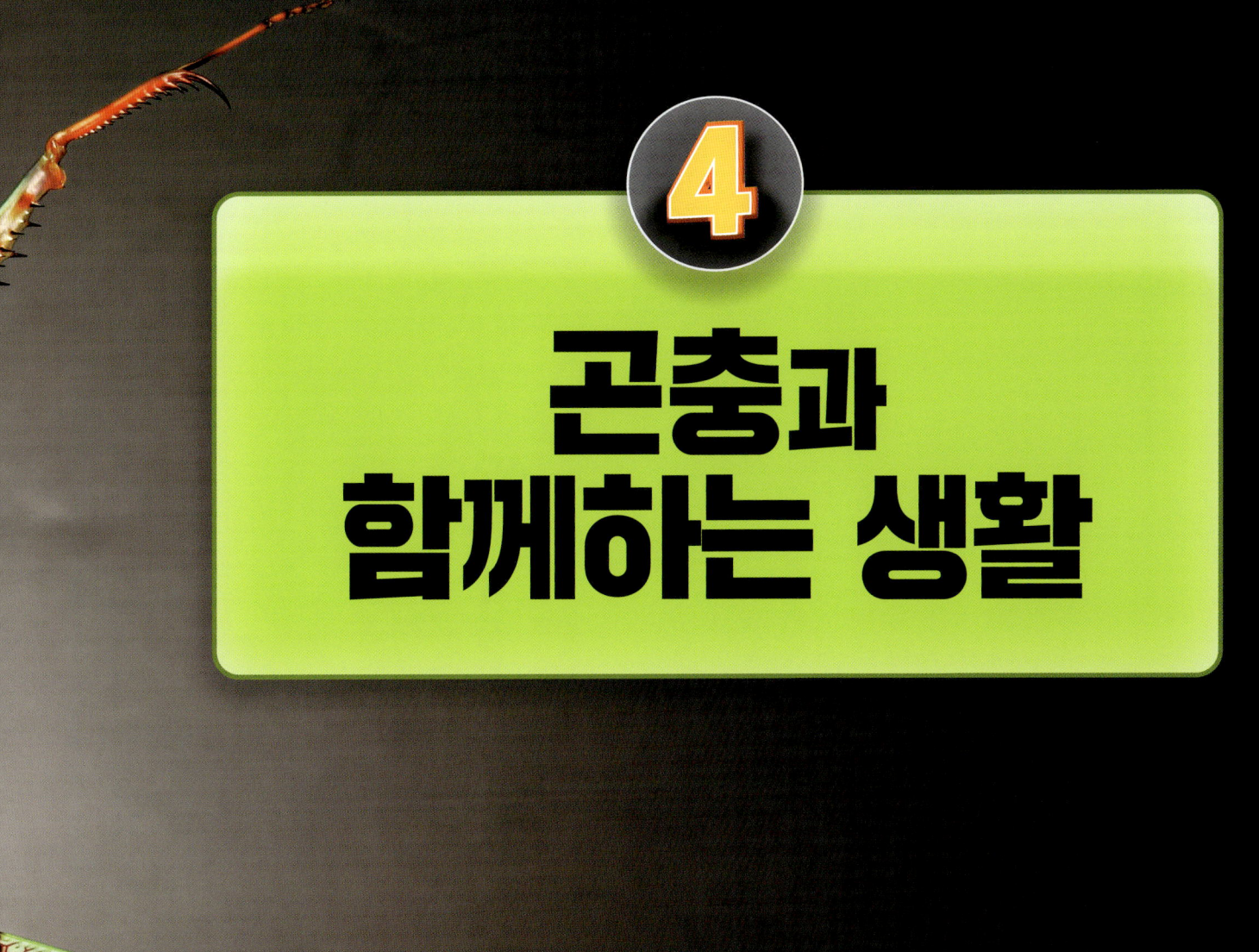

4 곤충과 함께하는 생활

작지만 엄청난 능력을 갖고 있어요!

놀랍게도 곤충은 지구에서 몸에 비하여 힘이 가장 세요. 제 몸무게보다 무거운 것도 번쩍번쩍 들어 올리지요. 하지만 단순히 크기나 힘만 보고 곤충이 대단하다는 건 아니에요. 곤충에게 어떤 놀라운 능력이 있는지 함께 살펴보아요!

흰개미

진정한 목 돌리기 선수
사마귀한테 몰래 다가가서 놀래 주는 건 무척 어려워요. 사마귀는 목을 360도로 자유롭게 회전해서 어디든 돌아볼 수 있으니까요.

놀라운 자기희생 정신
흰개미 중에는 개미집이 공격당하면 자기 몸을 폭파해 침입자에게 독한 화학 물질을 뿌리는 종이 있어요.

왕관사마귀

높이뛰기 선수
벼룩은 제 키보다 100배는 높이 뛸 수 있어요. 뒷다리 끝에 달린 '레실린'이라는 물질 덕분에 용수철처럼 잘 뛰어올라요. 어떤 벼룩은 몇 시간, 심지어 며칠 동안 쉬지 않고 점프하기도 해요.

벼룩

열마디개미

개미 뗏목
홍수가 나면 열마디개미는 제 몸으로 뗏목을 만들어 안전한 곳으로 이동해요. 뗏목 바닥에는 유충과 어린 개미들이 자리하지요. 어른 개미보다 물에 더 잘 뜨기 때문이에요.

소금쟁이

물 위를 걸어요
소금쟁이는 물 위를 걸을 수 있어서 '마법의 곤충'이라고 해요. 긴 다리로 몸무게를 수면에 골고루 퍼트리면서 우아하게 미끄러져 다녀요.

주기매미

땅속에서 10년 넘게 지내요
주기매미의 약충은 성충이 될 때까지 땅속에 살아요. 13~17년 동안 땅속에서 지내다가 갑자기 수백만 마리가 동시에 기어 나와요. 하지만 땅 위에서는 두 달도 못 살고 죽지요.

잠깐 상식! 오스트레일리아에 사는 불독개미는 제 몸길이보다 일곱 배나 높이 뛸 수 있어요.

곤충에 관한 이야기 사실일까요, 거짓일까요?

곤충에 대해 얼마나 알고 있나요?
아래 설명을 읽고, 사실인지 거짓인지 말해 보세요.

A 곤충은 사람보다 근육이 많다.

B 바퀴벌레는 핵폭탄이 터져도 살아남을 수 있다.

C 무당벌레 등에 난 점의 개수로 나이를 알 수 있다.

D 곤충에게 물려 죽은 사람이 전쟁으로 죽은 사람보다 더 많다.

E 모든 모기는 피를 빨아 먹고 산다.

탐험가 인터뷰

잠깐! 파리채를 내리치기 전에 곤충이 얼마나 중요한 존재인지 한번 생각해 보면 좋겠어요. 농부들은 살충제라는 독이 있는 화학 물질을 농작물에 뿌려요. 살충제는 해충을 죽여서 작물이 많이 열리게 돕지만, 꽃가루 매개자인 꿀벌과 같은 이로운 곤충들까지 해친답니다.

A. 사실
곤충은 몸집은 작지만 사람보다 튼튼하고 근육도 훨씬 많아요.

B. 사실
핵폭탄의 파괴력은 굉장해요. 폭탄이 터지면서 엄청난 에너지의 방사선이 뿜어져 나오거든요. 하지만 바퀴벌레는 다른 동물보다 훨씬 많은 양의 방사선을 견딜 수 있어요.

C. 거짓

무당벌레 등에 난 점의 개수는 나이와 상관없어요. 무당벌레 성충은 고작 1년밖에 못 산답니다. 날 때부터 죽을 때까지 점의 개수가 똑같지요. 그래도 점을 세어서 무당벌레의 종을 구별할 수는 있어요. 어떤 종은 점이 두 개밖에 없고 아예 점이 없는 종도 있어요. 무당벌레의 등은 보통 빨간색이나 주황색 바탕에 검은 점이 있어요. 강렬한 색깔로 천적에게 물러나라고 경고하는 거예요.

D. 사실

사람에게 질병을 옮기는 곤충도 있어요. 예를 들어 벼룩은 중세 시대에 유럽에서 흑사병이라는 전염병을 옮겨서 무려 7500만 명 가량을 죽게 했어요.

E. 거짓

모기라고 해서 다 사람이나 동물의 피를 먹는 건 아니에요. 피를 먹지 않는 모기가 더 많답니다. 피 대신 꽃꿀이나 썩어 가는 먹이를 먹고 살아요. 특히 모기 수컷은 꽃꿀만 먹는답니다.

재미있는 곤충 퀴즈

딱정벌레는 수천 년 동안 특유의 습성과 환상적인 색깔로 사람들의 마음을 사로잡았어요. 여러분도 딱정벌레를 좋아하나요? 아래 설명을 잘 읽고, 관계있는 사진을 찾아 연결해 보세요.

1 비단벌레
몸집이 크고 금속처럼 광택이 나는 딱정벌레예요. 무려 1만 5000여 종이나 있어요.

2 콜로라도감자잎벌레
감자를 좋아하는 딱정벌레인데, 등에 줄무늬가 있어요. 잎을 먹어 치워서 농작물에 해를 입혀요.

3 폭스바겐 비틀
딱정벌레 모양으로 디자인한 자동차예요. 비틀(beetle)은 영어로 딱정벌레라는 뜻이에요.

4 장수풍뎅이
전 세계에는 300종이 넘는 다양한 장수풍뎅이가 있어요. 수컷은 뿔 때문에 코뿔소장수풍뎅이라고도 해요.

잠깐 상식! 일본에서는 사슴벌레가 인기 많은 반려동물이랍니다.

쌍둥이처럼 닮은 곤충들

혹시 '도플갱어'라는 말을 들어 봤나요?
도플갱어는 나라고 해도 믿을 만큼 자기와 똑같이 생긴 사람을 뜻해요. 곤충 세계에도 겉모습이 거의 비슷한 도플갱어들이 있어요. 또 어떤 곤충은 천적을 피하려고 다른 곤충을 흉내 내기도 해요. 그냥 이유 없이 닮은 곤충들도 있고요.
아래에서 A와 B가 각각 무엇인지 한번 맞혀 볼까요?

2. 잠자리와 실잠자리

잠자리와 실잠자리는 몸이 길고 두 쌍의 투명한 날개가 있어요. 날개 크기는 비슷하지만, 실잠자리가 잠자리에 비해 서툴게 날지요. 사실 잠자리는 세계에서 가장 빨리 나는 곤충이거든요. 두 곤충을 구별할 때는 눈과 날개를 살펴보면 돼요. 잠자리의 눈은 거의 가운데에 몰려 있고, 실잠자리는 퍼져 있어요. 또 잠자리는 쉴 때 날개를 활짝 벌리고 있지만, 실잠자리는 곱게 접고 있지요.

1. 메뚜기와 귀뚜라미

메뚜기와 귀뚜라미는 힘센 뒷다리로 높이 뛸 수 있어요. 더듬이는 귀뚜라미가 길고, 메뚜기는 짧지요. 또 주로 활동하는 시간이 달라서 낮에 보았다면 메뚜기, 밤에 보았다면 귀뚜라미일 가능성이 높아요.

잠깐 상식! 꼬리박각시는 붉은목벌새와 꼭 닮았어요.

3. 무당벌레와 무당벌레를 흉내 낸 딱정벌레

무당벌레는 화려한 색깔로 천적에게 자기 몸에 독이 있다고 경고해요. 이런 색을 '경계색'이라고 하지요. 무당벌레를 흉내 내는 딱정벌레나 거미는 독이 없지만 비슷한 색깔을 띠어서 천적을 물리치기도 하지요.

4. 꽃등에와 벌

꽃등에는 작은 벌이나 말벌처럼 검은 몸에 노란 줄무늬가 있어요. 겉모습은 비슷하지만, 꽃등에는 침을 쏘지 못해요. 또 꽃등에는 날개가 한 쌍밖에 없고, 벌은 대부분 날개가 두 쌍이에요.

5. 제왕나비와 총독나비

제왕나비의 유충은 밀크위드를 먹고 자라는데, 이 식물에 있는 독 성분이 나비의 몸에 쌓여요. 제왕나비를 잡아먹은 새들은 독이 퍼지면서 몸이 아파요. 그래서 새들은 제왕나비를 피해 다니지요. 제왕나비보다 작은 총독나비는 새들이 먹어도 아무 탈이 없지만, 제왕나비와 쏙 빼닮아서 새들이 먼저 피한답니다.

여기도 곤충, 저기도 곤충

우리나라에는 곤충이 들어가는 속담들이 꽤 있어요.
예를 들어 '송충이는 솔잎을 먹어야 한다'라든지 '번데기 앞에서 주름 잡는다'와 같은 속담들이 흔히 쓰이지요. 다른 나라에서도 수천 년 동안 곤충이 등장하는 속담이나 신화, 전설 등이 많이 전해 내려왔답니다.

전설의 주인공이 된 곤충
고대 이집트에서는 딱정벌레를 신성하게 여겼어요. 딱정벌레로 부적이나 보석을 장식하기도 하고, 창조와 부활의 신인 케프리를 딱정벌레 머리를 한 남성으로 표현했어요. 고대 이집트 사람들은 딱정벌레가 땅속에서 기어 나오는 모습이 기적처럼 신비한 일이라고 여겼다고 해요. 북아메리카에 살던 여러 원주민도 곤충에 관한 전설을 만들었어요. 그중 호피족 사이에서는 세상이 무너진 뒤 개미 종족과 함께 땅속에 살며 목숨을 구한 사람들의 이야기가 전해 내려온답니다.

고대 이집트의 풍뎅이 브로치

곤충으로 만든 간식
곤충은 세계 여러 나라 사람들이 즐겨 먹는 간식거리예요. 곤충을 튀기거나 굽거나 삶아서 먹고, 갈아서 가루로 먹기도 해요. 날것으로 먹는 사람도 있어요. 가장 인기 있는 간식은 귀뚜라미예요. 특히 멕시코, 태국, 캄보디아 사람들이 좋아하지요. 멕시코에서는 스포츠 경기를 볼 때 메뚜기를 바삭하게 볶아서 만든 차풀리네스를 먹어요.

잠깐 상식! 영화 「스타워즈」에 나오는 츄바카, 베이더, 요다의 이름을 딴 말벌들이 있어요.

호박에 갇힌 선사 시대* 메뚜기

수천 년 동안 갇혀 있었어요

호박은 나무 진액이 단단히 굳어 화석처럼 된 물질로 보석의 일종이에요. 우리가 먹는 호박과는 완전히 다르답니다. 호박에는 수백만 년 전에 갇힌 선사 시대의 곤충이 들어 있기도 해요.

*선사 시대: 문자로 역사적 사실을 기록하기 전의 시대.

속담의 뜻을 찾아보아요

곤충과 관련된 속담과 격언을 잘 읽고, 알맞은 뜻을 찾아 연결해 보세요.

1. 송충이는 솔잎을 먹어야 한다.
2. 번데기 앞에서 주름 잡는다.
3. 개미 금탑 모으듯 한다.
4. 큰 둑도 개미구멍으로 무너진다.
5. 벌은 쏘아도 꿀은 달다.
6. 굼벵이도 구르는 재주가 있다.
7. 뛰어야 벼룩
8. 벼룩의 간을 내먹는다.

A. 나쁜 일도 좋은 면이 있다는 뜻이에요.
B. 사소한 흠이라도 바로잡지 않으면 감당하기 힘들어진다는 뜻이에요.
C. 자기보다 훨씬 뛰어난 사람 앞에서 잘난 체를 한다는 뜻이에요.
D. 자기 형편에 맞게 살아야 한다는 뜻이에요.
E. 도망쳐 보아야 멀리 벗어날 수 없다는 뜻이에요.
F. 부지런히 일하고 알뜰하게 모아서 큰 재산을 이룬다는 뜻이에요.
G. 능력이 부족한 사람도 한 가지 재주는 있다는 뜻이에요.
H. 매우 어려운 처지에 있는 사람의 것을 빼앗는다는 뜻이에요.

애벌레로 과자를 만든다고요?

곤충으로 맛있는 간식을 만들어 볼까요? 갈색거저리의 유충인 밀웜*으로 달콤한 간식을 만들 수 있답니다. 무슨 맛인지 정말 궁금하지 않나요?
참, 이 활동은 꼭 어른과 함께 하세요!

재료
- 버터 ¼ 컵
- 미니 마시멜로 4컵
- 시리얼 3컵
- 구운 밀웜 3컵

준비 도구
- 가스레인지
- 냄비
- 숟가락
- 큰 접시

마시멜로

만드는 방법

1. 냄비에 버터와 마시멜로를 넣고 중불로 가열하며 잘 녹을 때까지 저어요. 이때 타지 않게 지켜봐야 해요.
2. 불을 끄고, 구워서 잘게 자른 밀웜과 시리얼을 냄비에 넣고 잘 섞어요.
3. 접시에 버터를 바르고, 냄비에 있던 재료를 골고루 붓고 펴요.
4. 다 식어서 굳으면 적당한 크기로 잘라 맛있게 먹어요!

구운 밀웜

*밀웜: 유럽 연합에서 지정한 식용 곤충으로, 고기를 대신해 단백질을 보충할 수 있는 식량으로 꼽힌다.

정답: 1-D, 2-C, 3-F, 4-B, 5-A, 6-G, 7-E, 8-H

탐험가가 들려주는 뒷이야기

곤충은 우리에게 무척 소중해요.

곤충 덕분에 우리가 지구에서 살아남았다고 해도 과언이 아니에요. 우리가 먹는 음식 세 가지 중 한 가지는 꽃가루 매개자 덕분에 얻을 수 있답니다. 나는 사람들에게 이 사실을 꼭 알려 주고, 곤충과 친해지라고 권하지요. 곤충을 자주 관찰하고, 곤충이 농장, 공원, 텃밭, 정원, 뒤뜰에 편안히 놀러 오도록 초대하는 것도 좋아요.

곤충을 초대하는 방법은 간단해요. 꽃가루 매개자들이 좋아하는 꽃이나 채소를 심고 곤충이 보금자리를 지을 수 있는 나무를 심으면 돼요. 꽃가루 매개자를 불러오는 또 다른 방법은 꿀벌 호텔을 짓는 거예요. 다른 건물과 멀리 떨어져 있어야 해서 농장이나 시골집에 잘 어울리지요. 주로 나무, 벽돌, 튜브 등으로 벌집을 만드는데, 특히 마른 나무로 지으면 어리호박벌이 잘 찾아온답니다. 또 꿀벌 호텔이 생기면 벌이 창고나 개집 근처에서 돌아다니지 않아서 좋아요. 내가 주로 머물며 곤충을 연구하는 동아프리카에서는 야생벌이 채소와 열매 식물 중 70퍼센트의 꽃가루를 날라요. 야생벌은 꽃을 피우는 모든 식물에게 꼭 필요한 꽃가루 매개자랍니다. 그러니 벌은 우리가 없애야 하는 해충이 아니라 조화를 이루며 함께 살아가야 하는 삶의 동반자라는 사실을 잊지 않길 바라요.

디노가 아프리카 탄자니아의 한 농장 근처에서 큰어리호박벌을 기다리고 있어요. 벌은 야생화를 찾아 날아온답니다.

큰어리호박벌

큰어리호박벌은 아프리카에서 가장 큰 벌로 몸길이가 약 7.5센티미터나 돼요. 동아프리카에서 자라는 무지개콩, 비둘기콩, 패션프루트, 커피, 가지 등 많은 작물의 꽃가루를 날라 주지요. 암컷은 흑백 얼룩이 있고, 수컷은 온몸에 밝은 황금색 털이 뒤덮여 있어요.

곤충이 사라진 삶이란…

우리는 사람이 지구를 지배한다고 생각할지 모르지만, 사실은 곤충이 다양한 방법으로 세상을 차지하고 있어요.

곤충은 지구 어디에나, 어느 환경에서나 살고 있고, 아무도 모르게 우리 삶에 영향을 끼쳐요. 해를 끼치기도 하고, 도움을 주면서 우리가 살아가는 방식에 영향을 줍니다. 만약 지구에서 곤충이 사라진다면, 많은 생명이 시들고 죽을 거예요. 반대로 지구에 사람이 없어진다면, 다른 생명들은 마치 우리가 원래 없던 것처럼 살아갈 거예요. 오히려 더 잘 살게 될 거라고 하지요. 곤충은 꽃가루를 옮겨서 식물이 번식하도록 도와요. 또 죽은 식물과 동물을 분해해서 흙에 영양분을 공급하지요. 생물이 썩는 모습은 보기 좋지 않지만, 자연에서 꼭 필요한 일이랍니다. 게다가 곤충이 흙을 갈아엎으면 식물의 뿌리가 숨을 쉬면서 잘 자라요. 곤충은 이처럼 묵묵히 많은 일을 하고 있어요. 곤충 덕분에 지구에 사는 동물들이 굶어 죽지 않고 살아가고 있답니다.

곤충 중에는 사람의 생명을 위협하고 사람과 식량이나 자원을 두고 경쟁하는 해충이 있어요. 사람들은 해충이 집에 침입하고 질병을 옮기는 바람에 많은 피해를 입기도 해요. 그러나 사실상 지구에서 살아가는 수만 종의 곤충 중에 해충은 극히 일부랍니다. 곤충 대부분이 우리를 돕고 있어요. 따지고 보면 우리가 곤충에게서 얻는 게 훨씬 많지요. 곤충이 없어진다면, 아주 삭막한 세상이 될 거예요. 당장 농작물이 자라지 않을 테니까요. 이제부터라도 곤충의 소중함을 가슴 깊이 새기면 좋겠어요.

벌이 소중한 이유

벌을 비롯해 곤충은 농작물을 재배하는 데 없어서는 안 돼요. 우리가 먹는 식물, 또 동물의 먹이가 되는 식물에게 꽃가루를 전달하기 때문이에요. 그러니까 앞으로도 곤충과 사람이 서로 좋은 짝꿍이 되어 살아가면 좋겠어요. 그런데 오늘날 꿀벌에게 큰 위험이 닥쳤답니다. 사람들이 사용하는 네오니코티노이드라는 살충제가 식물에 흡수되어 꽃, 꽃가루, 꽃꿀에 퍼지는 바람에 벌들이 죽어 가고 있거든요. 과학자들은 살충제를 금지하거나 사용을 줄이지 않으면 곧 벌이 사라지는 재앙이 올 거라고 경고하고 있답니다.

얼핏 보면 마치 퉁명스러운 사람처럼 보이지요? 이 곤충은 유럽에 사는 애꽃벌이에요.

벌을 기르는 양봉가가 벌집을 살피며 벌들이 건강한지, 병에 걸리지 않았는지 확인해요.

세크로피아나방 두 마리가 나무에 앉아 있어요. 양 날개를 모두 펼친 길이가 15센티미터나 되는 거대한 나방이에요. 북아메리카에서 사는 나방 중에 가장 크답니다. 성충이 되어서는 고작 2주밖에 살지 못하지요.

도전! 곤충 박사
퀴즈를 풀며 용어를 익혀요

잠자리는 모기를 잡아먹어서 모기의 수가 지나치게 늘지 않아요.
잠자리 약충은 모기 유충을 잡아먹고, 잠자리 성충은 모기 성충을 잡아먹는답니다.

여러분의 곤충 지식을 확인할 시간! 다음 용어의 뜻을 잘 읽고 표시된 페이지로 가서 쓰임을 확인하세요. 이어지는 퀴즈까지 맞혔다면, 여러분을 곤충 박사로 인정합니다!

1. 꽃가루 매개자
꽃가루를 옮겨 주고 식물이 씨앗과 열매를 맺도록 돕는 곤충 (15, 41, 48, 54쪽)

다음 중 꽃가루 매개자에 대해 알맞게 설명한 것은 무엇일까요?
a. 정원사들이 해충이라고 생각한다.
b. 먼 거리를 이동한다고 알려져 있다.
c. 화려한 색과 강한 향기로 유혹한다.
d. 자연의 질서를 유지해 준다.

2. 더듬이
곤충의 머리 맨 앞쪽에 있는 기관. 주위 물체를 감지하는 데 쓰인다. (10, 19, 34, 35, 43, 50쪽)

다음 중 곤충의 더듬이가 감지할 수 있는 것은 무엇일까요?
a. 동작
b. 냄새
c. 소리
d. 위 세 가지 모두

3. 번데기
곤충의 한살이 중에서 유충과 성충 사이의 시기 (22, 24, 25, 52, 53쪽)

다음 중 사람이 번데기와 가장 비슷한 시기는 언제일까요?
a. 어린이
b. 어른
c. 죽음
d. 청소년

4. 산란관
곤충의 암컷이 알을 낳는 기관 (18쪽)

다음 중 산란관이 있는 부위는 어디일까요?
a. 머리
b. 다리
c. 배
d. 가슴

5. 약충
안갖춘탈바꿈하는 곤충의 애벌레 (23, 47, 60쪽)

다음 중 약충에 대해 알맞게 설명한 것은 무엇일까요?
a. 몸이 커질 때 허물을 벗는다.
b. 외골격이 없다.
c. 다리가 10개보다 많다.
d. 성충이 되어서도 모두 물에 산다.

6. 외골격
곤충의 몸을 둘러싸고 있는 바깥 뼈대 (11, 18, 34, 42쪽)

다음 중 외골격이 있는 동물은 무엇일까요?
a. 거미
b. 사람
c. 공룡
d. 지렁이

7. 유충
갖춘탈바꿈하는 곤충의 애벌레 (6, 8, 11, 12, 22, 24, 25, 26, 28, 29, 38, 39, 47, 51, 53, 60쪽)

다음 중 유충이 주로 하는 일은 무엇일까요?
a. 사냥하기
b. 먹기
c. 날기
d. 짝짓기

8. 절지동물
몸에 마디가 있으며 단단한 외골격을 가진 동물 무리 (11, 34쪽)

다음 중 절지동물이 아닌 것은 무엇일까요?
a. 거미
b. 지네
c. 게
d. 새

9. 큰턱
곤충이 먹이를 먹을 때 쓰는 바깥으로 나온 턱 (13, 19, 26쪽)

다음 중 곤충이 큰턱으로 주로 하는 일은 무엇일까요?
a. 다른 동물의 피를 빨아 먹는다.
b. 잠잘 때 몸을 고정한다.
c. 가려운 곳을 긁는다.
d. 음식을 씹는다.

10. 탈바꿈
곤충의 한살이 중 성충이 되면서 모습이나 특징이 변화하는 과정 (22쪽)

다음 중 갖춘탈바꿈하는 곤충이 아닌 것은 무엇일까요?
a. 나비
b. 잠자리
c. 벌
d. 파리

정답 1-d, 2-d, 3-d, 4-c, 5-a, 6-a, 7-b, 8-d, 9-d, 10-b

찾아보기

ㄱ
갈라고 41
갈색거저리 53
감각 기관 10
갑각류 11, 35
갓춘탈바꿈 22
개미 11, 16, 24, 25, 27, 28, 33, 35, 38, 40, 47, 52, 53
거미 10, 11, 34, 36, 51
게 11, 34
겹눈 19, 42
경계색 51
고치 21, 22, 24, 25
공룡 7, 37
공벌레 11, 35
구기 19
군대개미 16, 40
굼벵이 53
귀뚜라미 50, 52
기린바구미 15
깔따구 17, 41
깡충거미 11
꼬리박각시 25, 50
꽃가루 매개자 15, 41, 48, 54
꽃가루받이 41
꽃등에 51
꿀단지개미 27
꿀벌 8, 16, 28, 41, 48, 54, 56

ㄴ
나무좀 25
나방 11, 19, 22, 24, 26, 27, 28, 30, 35, 39, 58
나비 11, 15, 16, 19, 24, 25, 27, 28, 35, 39, 41, 43, 51
낙엽사마귀 31
난초사마귀 30
날도래 25
남방공작나비 39
낱눈 19, 42
냄새뿔 39
네오니코티노이드 56
노래기 11, 35
누에 26

ㄷ
다지류 11, 35
단세포 생물 37
단위 생식 23
대벌레 23, 35
동물계 35
된장잠자리 17
딱정벌레 11, 14, 15, 24, 35, 39, 41, 49, 51, 52

ㄹ
레실린 46
리니오그나타 36

ㅁ
말라리아 12, 27
말벌 6, 18, 28, 35, 39, 51, 52
매미 10, 12, 35
먹파리 25
메가네우롭시스 페르미아나 37
메뚜기 17, 22, 26, 35, 50, 52, 53
모기 12, 19, 25, 27, 29, 48, 49, 60
무당벌레 14, 38, 48, 49, 51
물자라 13, 29
밀웜 53
밀크위드 16, 51

ㅂ
바구미 15
바닷가재 11, 34
바실리스방패사마귀 5
바퀴벌레 19, 28, 35, 36, 37, 42, 48
박쥐 40, 41
박쥐나방 30
반딧불이 12, 23, 43
배물방개붙이 14
번데기 22, 24, 25, 52, 53
번식 16, 23, 28, 38, 40, 56
벌 8, 11, 15, 18, 24, 28, 29, 35, 39, 41, 43, 51, 53, 54, 55, 56, 57
베짜기개미 28
벨기카 안타르티카 17
벼룩 27, 29, 46, 49, 53
부전나비 25
부화 23
분비샘 24, 34
불독개미 47
불완전 변태 23
붉은목벌새 50
비단벌레 49
빈대 27, 28
뼈대 34, 37, 42
뿔매미 31

ㅅ
사마귀 27, 35, 44, 46
사슴벌레 23, 25, 49
사회적 곤충 28
산란관 18
생물 발광 12
선사 시대 53
성충 22, 23, 24, 25, 42, 47, 49, 58, 60

ㅇ
세크로피아나방 58
소금쟁이 47
쇠똥구리 13, 15, 27
실잠자리 35, 50
쌍살벌 28

아랫입술 27
아프리카꿀벌 16
아프리카코끼리 13
아프리카화꿀벌 16
악테온코끼리장수풍뎅이 12
안갖춘탈바꿈 22, 23
알집 23
애꽃벌 57
약충 23, 47, 60
양배추가루진딧물 23
양봉꿀벌 16
양서류 37, 38, 40
어리호박벌 54
에오랍토르 37
에오히푸스 37
여왕개미 23, 25
여왕벌 23
여치 31, 35
열마디개미 47
영장류 37, 41
올가미턱개미 13
완전 변태 22
왕관사마귀 46
외골격 11, 18, 34, 42
울림통 12
유충 6, 8, 11, 12, 22, 24, 25, 26, 28, 29, 38, 39, 47, 51, 53, 60
일개미 27

ㅈ

잠자리 17, 23, 28, 35, 37, 50, 60
장님개미 23
장수풍뎅이 49
전갈 36, 40
절지동물 11, 19, 34
제왕나비 16, 18, 21, 29, 51
주기매미 47
지네 10, 11, 35, 36
지렁이 10, 11
진동막 12
진딧물 35

집게벌레 39
집파리 23, 27

ㅊ

청벌 6
총독나비 21, 51
침노린재 38

ㅋ

코뿔소장수풍뎅이 49
콜로라도감자잎벌레 49

큰공작나방 22
큰어리호박벌 54, 55
큰턱 13, 19, 26

ㅌ

탈바꿈 22

ㅍ

파리 11, 24, 27, 35, 41, 42
페로몬 25
포유류 16, 37, 38

ㅎ

하루살이 22, 35
학질모기 12
한살이 20
헤라클레스장수풍뎅이 15
호랑나비 39
호르몬 24
회색남방공작나비 39
흰개미 22, 23, 28, 35, 40, 46

사진 저작권

Cover, Mitsuhiko Imamori/Minden Pictures; **back cover (LE),** Cathy Keifer/SS; **(RT and spine),** Skynet Photo/SS; **(LO),** Mark III Photonics/SS; **1,** Serg64/SS; **2-3,** Michael & Patricia Fogden/Minden Pictures; **4-5,** Sebastian Janicki/SS; **6-7,** Tomatito/SS; **7 (UP),** Margaret Amy Salter; **7 (LO),** Cheryl Zook/NGS Staff; **8-9,** lightpoet/SS; **10 (LE),** schankz/SS; **10-11,** Arvind Balaraman/SS; **10 (LORT),** Tropper2000/SS; **10 (LO),** Tropper2000/SS; **11,** Tomatito/SS; **12 (UPRT),** Mary Terriberry/SS; **12 (LE),** Claus Meyer/Minden Pictures/Corbis; **12 (LORT),** David Scharf/Corbis; **12 (award icons),** SS; **13 (UP),** kurt_G/SS; **13 (CTR),** John Cancalosi/Getty Images; **13 (LO),** Four Oaks/SS; **14 (LE),** Hector Ruiz Villar/SS; **14 (UPRT),** Anatolich/SS; **14 (LORT),** Mark III Photonics/SS; **15 (UPLE),** antpkr/SS; **15 (UPRT),** Liew Weng Keong/SS; **15 (CTR RT),** efendy/SS; **15 (UPLE),** Cosmin Manci/SS; **15 (LORT),** Margaret Amy Salter; **16 (UP),** Paul Reeves Photography/SS; **16 (LOLE),** Protasov AN/SS; **16 (LORT),** Potapov Alexander/SS; **17 (UP),** Tagstock1/SS; **17 (LORT),** Abeselom Zerit/SS; **18-19,** Sommai/SS; **19 (INSET),** Sascha Burkard/SS; **20-21,** Cathy Keifer/SS; **22 (UPLE),** Eric Isselée/SS; **22 (UPRT),** Eric Isselée/SS; **22 (LOLE),** Eric Isselée/SS; **22 (LORT),** Viter8/Dreamstime; **23 (UPLE),** Charles Gibson/Alamy; **23 (UPRT),** Vitalii Hulai/SS; **23 (CTR),** Praphan Jampala/SS; **23 (LO),** ivkuzmin/iStockphoto; **24,** Sergieiev/SS; **25 (UPLE),** Alex Wild/Visuals Unlimited/Corbis; **25 (UPRT),** aslysun/SS; **25 (CTR RT),** aslysun/SS; **25 (LO),** Anthony Mercieca/Photo Researchers RM/Getty Images; **26 (UP),** Eric Isselée/SS; **26 (LO),** Reuters/Corbis; **27 (UP),** Dmitrijs Bindemanis/SS; **27 (CTR),** A. Storm Photography/SS; **27 (LO),** Kristina Postnikova/SS; **28 (LE),** vblinov/SS; **28 (CTR RT),** animated-funk/iStockphoto; **28 (LORT),** Atikom/SS; **29 (UP),** Wolf Avni/SS; **29 (LOLE),** Frans Lanting/Corbis; **29 (LORT),** Margaret Amy Salter; **30 (UPLE),** Valerie Giles/Photo Researchers RM/Getty Images; **30 (LOLE),** John Glade/SS; **30 (RT),** reptiles4all/SS; **31 (UPLE),** John Cancalosi/National Geographic Society/Corbis; **31 (UPRT),** ZSSD/Minden Pictures/Corbis; **31 (CTR),** Dr. Morley Read/SS; **31 (LO),** Michael and Patricia Fogden/Minden Pictures/National Geographic Creative; **32-33,** Andrey Pavlov/SS; **34 (UP),** photonewman/SS; **34 (LO),** aodaodaodaod/SS; **35 (UPLE),** Kittikorn Phongok/SS; **35 (LOLE),** Butterfly Hunter/SS; **35 (A),** irin-k/SS; **35 (B),** Jiang Hongyan/SS; **35 (C),** irin-k/SS; **35 (D),** irin-k/SS; **35 (E),** Butterfly Hunter/SS; **35 (F),** Subbotina Anna/SS; **35 (G),** Butterfly Hunter/SS; **35 (H),** Dimijana/SS; **35 (I),** Andre Goncalves/SS; **35 (J),** Tropper2000/SS; **36 (LE),** Kazakov Maksim/SS; **36 (RT),** Richard Bizley/Science Source; **37 (LE),** Colin Keates/Getty Images; **37 (A),** Pan Xunbin/SS; **37 (B),** Richard Bizley/Science Source; **37 (C),** Franco Tempesta; **37 (D),** Catmando/SS; **38 (LE),** kajornyot/SS; **38 (RT),** Will Heap/Dorling Kindersley/Getty Images; **39 (UP),** Wilm Ihlenfeld/SS; **39 (LOLE),** Tippa Patt/SS; **39 (LORT),** Eric Isselée/SS; **40 (UP),** khazari/SS; **40 (LO),** Mark Moffett/Minden Pictures/National Geographic Creative; **41 (UP),** Sumikophoto/SS; **41 (LOLE),** STR/Reuters/Corbis; **41 (LORT),** Margaret Amy Salter; **42 (UPLE),** Matthias G. Ziegler/SS; **42 (UPRT),** Craig Taylor/SS; **42 (LOLE),** z0w/SS; **42 (LORT),** Ryan M. Bolton/SS; **43 (UPLE),** HappyRojo/SS; **43 (UPRT),** Tagstock1/SS; **43 (CTR LE),** lzf/SS; **43 (CTR RT),** pinthong nakon/SS; **43 (LOLE),** Khakimullin Aleksandr/SS; **43 (LORT),** Mitsuhiko Imamori/Minden Pictures/National Geographic Creative; **44-45,** Igor Siwanowicz/Visuals Unlimited/Corbis; **46 (LE),** LFRabanedo/SS; **46 (UPRT),** Pan Xunbin/SS; **46 (LORT),** Cosmin Manci/SS; **47 (UP),** Clay Coleman/Science Source; **47 (LOLE),** MarkMirror/SS; **47 (LORT),** Laperruque/Alamy; **48 (UP),** Eric Isselée/SS; **48 (LOLE),** Margaret Amy Salter; **48 (LORT),** Keith Tarrier/SS; **48 (INSET),** Mirek Kijewski/SS; **49 (UPLE),** irin-k/SS; **49 (UPRT),** Cosmin Manci/SS; **49 (LOLE),** Marie Shearin Images/SS; **49 (A),** Vitalii Hulai/SS; **49 (B),** Rob Wilson/SS; **49 (C),** Arsgera/SS; **49 (D),** pattara puttiwong/SS; **50 (UPLE),** anat chant/SS; **50 (UPRT),** Maxlogi/SS; **50 (LOLE),** Microstock Man/SS; **50 (LORT),** chris2766/SS; **51 (UP),** Flickr Open/Getty Images; **51 (UP inset),** Jody Ann/SS; **51 (CTR LE),** Bildagentur Zoonar GmbH/SS; **51 (CTR RT),** anat chant/SS; **51 (LOLE),** John E Heintz Jr/SS; **51 (LORT),** Sari ONeal/SS; **52 (UP),** Kenneth Garrett/National Geographic Creative; **52 (LO),** netsuthep/SS; **53 (UPLE),** Paul Zahl/National Geographic Creative; **53 (LOLE),** gosphotodesign/SS; 53 (CTR RT), Matt Antonino/SS; **53 (UPRT),** Eric Isselée/SS; **53 (LORT),** Bablo/SS; **54,** Cheryl Zook/NGS Staff; **55,** Cheryl Zook/NGS Staff; **56,** Catherine Murray/SS; 57, Craig Taylor/SS; **58-59,** Cathy Keifer/SS; **60,** Rob Hainer/SS; **63,** Abeselom Zerit/SS;

지은이 캐리 글리슨
캐나다 온타리오주 토론토에 살며, 15년 넘게 어린이책을 쓰며 만들고 있다. 주로 천연자원과 환경 문제에 관한 책을 썼으며, 동물 보호와 기후 변화 문제에 관심이 많다.

지은이 디노 J. 마틴스
내셔널지오그래픽 탐험가이자 곤충학자이다. 케냐 서부의 엘도레트에서 어린 시절을 보내며 곤충에 대한 관심과 열정을 키웠다. 요즘은 나방, 꿀벌과 같은 꽃가루 매개자를 연구하며 이들의 서식지를 보호하고, 동아프리카 전역에 꽃가루 매개자로서 곤충이 맡은 큰 역할을 널리 알리고 있다. 유엔 식량 농업 기구에서 생물의 다양성, 꽃가루 매개자, 초원의 중요성에 관한 기술 자문을 맡고 있다.

옮긴이 조은영
어려운 과학책은 쉽게, 쉬운 과학책은 재미있게 옮기려는 과학도서 전문 번역가. 서울대학교 생물학과를 졸업하고, 같은 대학교 천연물대학원과 미국 조지아대학교에서 석사 학위를 받았다. 옮긴 책으로는 『별별 상어와 동물들의 판타스틱 바다 생활』, 『생물의 이름에는 이야기가 있다』, 『랜들 먼로의 친절한 과학 그림책』, 『세상에 나쁜 곤충은 없다』, 『나무의 세계』, 『인체 탐험 보고서』, 『이토록 멋진 곤충』과 「영국 자연사박물관의 애니멀 타임스」 시리즈 등이 있다.

감수 장이권
이화여자대학교 생명과학·에코과학부 교수, 이화여자대학교 자연사박물관 관장을 맡고 있으며, 진화적인 관점으로 동물의 행동과 생태를 연구하고 있다. 내셔널지오그래픽 탐험가로 활동하고, 2013년부터 '지구사랑탐사대'를 이끌며 시민들의 과학 활동을 연구한다. 쓴 책으로 『야외생물학자의 우리 땅 생명 이야기』와 『자연덕후, 자연에 빠지다』가 있다.

1판 1쇄 펴냄 - 2021년 10월 11일, 1판 2쇄 펴냄 - 2024년 10월 28일
지은이 캐리 글리슨, 디노 J. 마틴스 **옮긴이** 조은영 **감수** 장이권 **펴낸이** 박상희 **편집장** 전지선 **편집** 이요선, 이정선 **디자인** 신지아, 신현수, 시다현
펴낸곳 (주)비룡소 출판등록 1994. 3. 17.(제16-849호) **주소** 06027 서울시 강남구 도산대로1길 62 강남출판문화센터 4층 **홈페이지** www.bir.co.kr
전화 02)515-2000 **팩스** 02)515-2007 **제품명** 어린이용 각양장 도서 **제조자명** (주)비룡소 **제조국명** 대한민국 **사용연령** 3세 이상

NATIONAL GEOGRAPHIC KIDS EVERYTHING : INSECTS
Copyright © 2015 National Geographic Partners, LLC.
Korean Edition Copyright © 2021 National Geographic Partners, LLC.
All rights reserved.
NATIONAL GEOGRAPHIC and Yellow Border Design are trademarks of the National Geographic Society, used under license.
이 책의 한국어판 저작권은 National Geographic Partners, LLC.에 있으며, (주)비룡소에서 번역하여 출간하였습니다.
저작권법에 의해 한국 내에서 보호를 받는 저작물이므로 무단 전재와 무단 복제를 금합니다.
ISBN 978-89-491-3211-2 74400 / ISBN 978-89-491-3210-5 (세트)